A mi madre, cuya alegría al regalar me inspira.
A mi familia y a mis amigos, por brindarme su aliento.
Y a José Andrés, por persistir y recordarnos
lo que podemos ser el uno para el otro.
—E.F.

A mi chefcito, Alejandro, el amor de mi vida
—P.E.

**World Central Kitchen recibió una donación tras
la publicación de este libro.**

¡Visítanos en nuestro sitio en la web! rhcbooks.com

Educadores y bibliotecarios, para acceder a una variedad de recursos de enseñanza,
visítenos en RHTeachersLibrarians.com

Información de la catalogación en la publicación de la Biblioteca del Congreso
de los Estados Unidos de América disponibles a petición.
ISBN 978-0-593-71133-0 (edición en español) —
ISBN 978-0-593-71135-4 (ebook) —
ISBN 978-0-593-71134-7 (edición bibliotecaria)

Las ilustraciones fueron creadas digitalmente.
El texto de este libro ha utilizado la tipografía Macklin Text Medium de 14 puntos.
Diseño interior por Paula Baver

MANUFACTURADO EN CHINA
10 9 8 7 6 5 4 3 2 1
Primera edición en español

UN PLATO DE ESPERANZA

LA INSPIRADORA HISTORIA DEL CHEF
JOSÉ ANDRÉS
Y WORLD CENTRAL KITCHEN

escrito por
ERIN FRANKEL

ilustrado por
PAOLA ESCOBAR

traducción de
María Camila Correa

RANDOM HOUSE STUDIO
NEW YORK

*N*o es solo el arroz.

Una paella es mucho más que arroz.

Especialmente si es un domingo en España

Y si eres un niño y te llamas

JOSÉ ANDRÉS

Y si estás juntando la leña para el fuego

Que cocinará la paella perfecta

Para alimentar a unos cuantos…

o a muchos.

TODOS son bienvenidos.

No es solo el arroz

O el chisporroteo del aceite de oliva

O los montones de vegetales frescos picados

O el dulce olor del azafrán mientras dora la paella.

Es agregar, mezclar, probar, esperar…

Es el cucharón que sostiene su padre.

Todos quieren cocinar, pero tú tienes el trabajo
más importante, le recuerda su padre.

Tú tienes que mantener la candela en su punto.

Pero José quería hacer mucho más.

Él deseaba recrear la magia del flan de su madre,

El suave pudín cremoso coronado de crocantes
trocitos quemados.

No era solo un postre.

Para ellos, era un recuerdo de Asturias, en España,
donde nació José.

Él cerraba los ojos mientras la cucharada de flan
les contaba una historia a sus sentidos.

Cuando José fue a la escuela culinaria, imaginaba las historias
que *él* quería contar con la comida.

Pensaba en los mercados y en la magia que podría crear con las
semillas de los tomates y de las granadas, con las almendras
y el queso.

Siempre veía POSIBILIDADES.

A veces su imaginación lo llevaba hacia lugares lejanos,
mucho más allá de la cocina.

Deseaba que aquel mundo imaginario fuese real.

Cuando al fin llegó la oportunidad, él la aceptó: *¡sí!*

No era solo un barco. No se trataba solo de una embarcación en la que José cocinó durante un año.

Era un famoso barco de la armada española que viajaba por el mundo.

José alimentaba a los marineros, pero deseaba que hubiese suficiente comida para

todo el mundo en *todas partes*.

Cuando regresó a España, tenía un lugar grabado en su mente: Estados Unidos.

SORPRÉNDEME

El Bulli

No era solo un restaurante en el que José aprendió
a contar historias con la comida.

Era el restaurante más famoso de España.

Un lugar donde la comida *le hablaba* a José.

¡Cámbiame!

Estoy cansada de ser lo que soy.

Haz conmigo algo diferente.

No tengas miedo. ¡Sorpréndeme!

José escuchó. Y aprendió.

Un día, José quiso convertirse en alguien nuevo. Al igual que la comida,
deseaba un cambio. Recordó el lugar que tenía metido en la cabeza.

Y cuando apareció una oferta, no lo pensó dos veces.

Cocinó desde Nueva York hasta Washington, DC, contando
historias con recetas nunca antes probadas.

¡TODO ES POSIBLE!

El chef José Andrés se estaba convirtiendo
rápidamente en una estrella.
Pero él sabía que una receta nunca se logra
con un único ingrediente.
Todos juegan un papel importante.

Una noche, mientras miraba las estrellas, tres palabras
iluminaron su mente.
Eran palabras importantes en su nuevo hogar.
Ellas lo alentaron y lo inspiraron a trabajar como voluntario.
NOSOTROS, EL PUEBLO
No YO, pensó José. *NOSOTROS*.

Todo el mundo se merece una comida caliente. No solo unos pocos… sino todos.

No era solo un viaje.

Era una invitación de un amigo para ayudar.

Hubo un terremoto en Haití.

Destrucción por todos lados.

¿Cómo podría ayudar José Andrés?

¿Y cómo podría no hacerlo?

La gente estaba hambrienta.

Había mucho por hacer.

José escuchó. Siguió sus recetas.

Comidas calientes con arroz y fríjoles
   preparadas a la perfección.

Las sonrisas en los rostros,

el aroma del arroz con fríjoles,

el espíritu de la gente

y el gusto de sentirse útil

acompañaron a José en su regreso a los Estados Unidos.

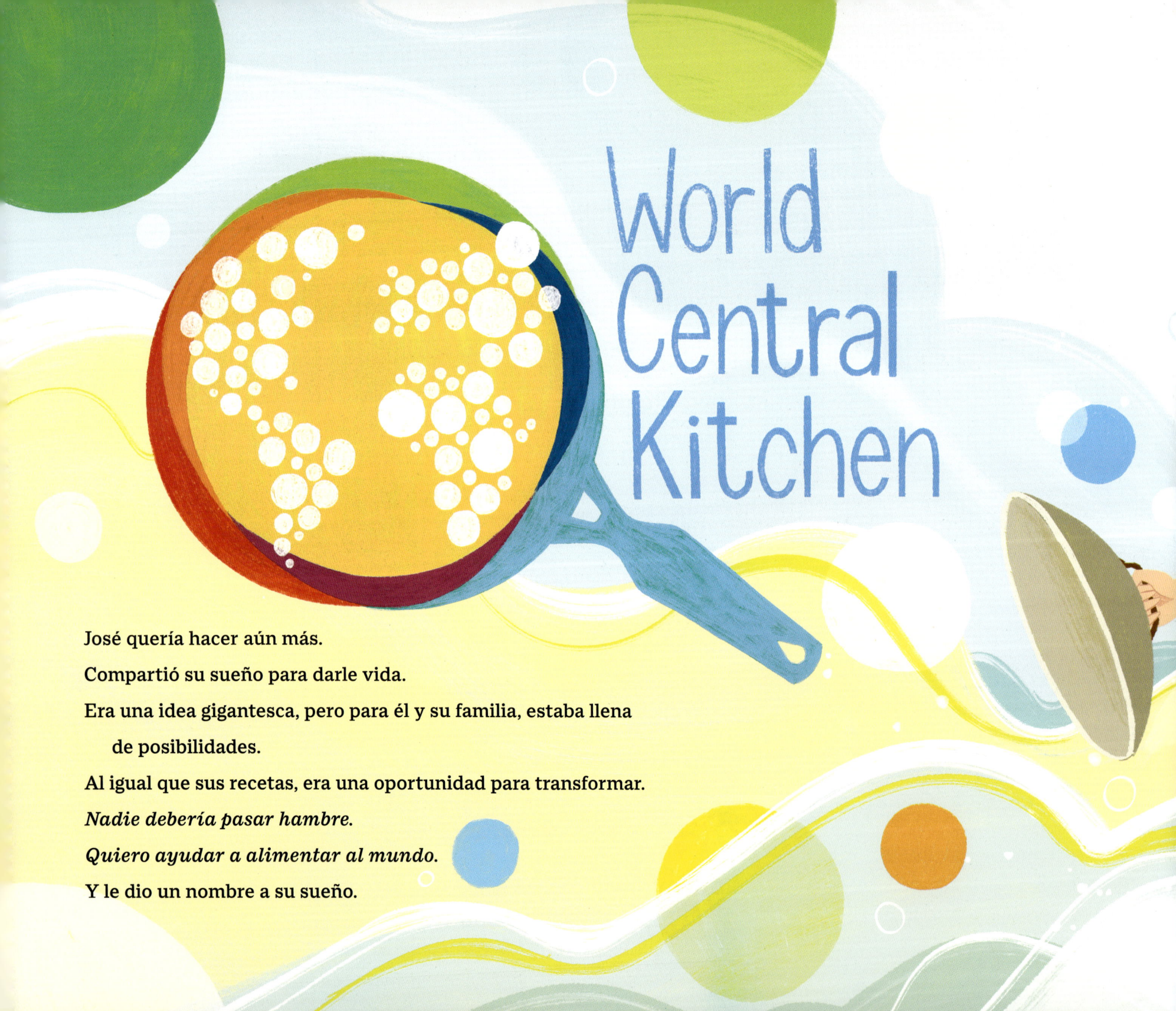

World Central Kitchen

José quería hacer aún más.

Compartió su sueño para darle vida.

Era una idea gigantesca, pero para él y su familia, estaba llena
de posibilidades.

Al igual que sus recetas, era una oportunidad para transformar.

Nadie debería pasar hambre.

Quiero ayudar a alimentar al mundo.

Y le dio un nombre a su sueño.

Cuando vio por primera vez la bandera estadounidense,

José también vio oportunidades.

Las estrellas le recordaron de la noche en que miraba al cielo.

Ellas parecían decirle: *¡Sueña tan grande como tú quieras!*

Entonces, decidió sumar su sueño a las estrellas.

No sería solo un sueño por mucho tiempo…

No fue tan solo un huracán. El huracán María azotó la isla
de Puerto Rico con una fuerza inesperada. Al verlo con
sus propios ojos, a José le dolió el corazón.

Hogares destruidos.

Carreteras inundadas.

No había electricidad.

El país estaba en tinieblas, y la gente estaba hambrienta.

¿Quién se hará cargo de alimentar a la gente? preguntó José.

Pero no podía esperar una respuesta.

Había una sola cosa para hacer…

¡A cocinar!

El huracán no se llevó todo.

José tenía lo necesario para empezar a cocinar.

Tenía un amigo.

Una cocina.

Y los ingredientes.

Los elementos perfectos para un sancocho puertorriqueño.

Las tazas de comida caliente llevaban un mensaje de alivio.

José casi podía escucharlo.

No te hemos olvidado.

Nos importas.

NOS IMPORTAS

José estudió el mapa.

Había que alimentar a la isla entera.

Pero él no veía un problema.

Veía una OPORTUNIDAD.

¡Cocinas en restaurantes vacíos!

¡Cocinas en escuelas desocupadas!

Cocineros, granjeros, conductores,

pilotos…

¡Los necesitamos!

Pero José quería hacer todavía más.

No era solo una cocina.

Era un estadio convertido en la cocina más grande
   del mundo.

Había sartenes para paella del tamaño de la luna.

Y filas interminables de cocineros haciendo
   sándwiches de jamón y queso.

NO OLVIDEN,
¡LA MAYONESA EN CANTIDAD!
¡TIENE QUE QUEDAR BIEN RICO!

Tres meses cocinando.

Veintiséis cocinas trabajando.

¡Casi cuatro millones de platos servidos!

Pero para José, no eran solo números…

Era mucho más que eso.

Todo el mundo se merece un

plato de comida caliente.

Pero no se trata solo de un plato.

Es un **plato de esperanza.**

Dondequiera que hubiese gente hambrienta, José quería estar ahí ayudando.

En medio de terremotos, huracanes, incendios, inundaciones…

Durante la pandemia, cuando el mundo entero cayó enfermo.

Incluso en la oscuridad de la guerra,

La determinación de José siguió firme.

Estaba lleno de esperanza.

Y ahora, él no era el único.

No es solo un plato de arroz.

Una paella es mucho más que arroz.

Especialmente si te llamas

JOSÉ ANDRÉS

Y si estás haciendo el fuego y juntando la comida

Para hacer la paella perfecta

Que alimentará a unos cuantos Y a muchos.

TODOS son bienvenidos.

Nota del autor

Para José Andrés, la cocina siempre ha sido un lugar mágico, donde él mismo ha sido el mago. A la edad de catorce años, ya sabía que alimentar a otros hacía parte de su destino.

Como aprendiz del mundialmente famoso restaurante El Bulli en Cataluña, España, José llegó a ser parte de una revolución culinaria que rebasó los límites de la comida. Empezó a tomar riesgos mientras transformaba los alimentos, y así aprendió que todo es posible.

Y cuando José inmigró a Norteamérica, su sueño era contar historias con la comida.

Hoy, décadas después, José ha contado muchas historias a lo largo de su memorable carrera. Él es un padre orgulloso, un chef premiado, un exitoso dueño de restaurantes, un personaje de televisión reconocido y un notable autor. Pero, en realidad, ha sido su trabajo humanitario lo que ha inspirado a mucha gente alrededor del mundo. Así como cuando niño soñó con revolver la paella, él siempre ha querido hacer más.

Su trayectoria, desde alimentar a unos pocos hasta alimentar a multitudes, fue en gran parte inspirada por su experiencia en DC Central Kitchen, la cocina comunitaria sin fines de lucro en la que trabajó como voluntario.

Fue allí donde descubrió el poder transformador de la comida y las posibilidades que surgen cuando compartimos nuestros talentos y habilidades para abrir puertas a los demás.

José fue profundamente conmovido tras su participación ayudando a las víctimas del trágico terremoto de Haití en 2010. Desde entonces, su sueño de crear un impacto global contra el hambre comenzó a crecer. Él y su esposa, Patricia, tenían un firme propósito: *cuando la gente está hambrienta, hay que enviar cocineros. No mañana, hoy.* Así nació World Central Kitchen.

Cuando el huracán María azotó a Puerto Rico en 2017, José Andrés lideró un notable equipo de voluntarios con el que trabajó incansablemente para servir 3.7 millones de comidas en la isla. Mientras enfrentaba los desafíos —o las oportunidades, como él prefiere llamarlos— jamás perdió de vista la idea esencial de que cada plato conlleva un mensaje poderoso: *no has sido olvidado. No estás solo.*

Imágenes AP / Bernat Armangue

El chef José Andrés sirviendo comida y llevando esperanza a los residentes en la devastada Ucrania

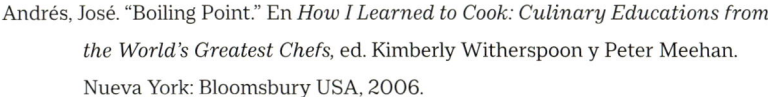
Eric Rojas / *The New York Times* / Redux

El chef José Andrés y cocineros locales preparan comida caliente en Puerto Rico tras el huracán María en 2017

José Andrés fue nominado para el Premio Nobel de la Paz en 2019 en reconocimiento a sus esfuerzos para llevar alivio humanitario a zonas de desastre. Desde su fundación en 2010, World Central Kitchen ha extendido su alcance alrededor del mundo, sirviendo más de 300 millones de comidas frescas y nutritivas como respuesta a los desastres tanto naturales como a los causados por el hombre.

La visión de José Andrés de un mundo en el que siempre habrá «una comida caliente, una palabra de aliento y una mano amiga» ha sido compartida por un dedicado equipo de voluntarios quienes trabajan para sembrar esperanza en cada plato.

Como inmigrante, José pensó que las estrellas de la bandera estadounidense representaban oportunidades, las mismas que lo impulsaron a él cuando conoció las palabras históricas NOSOTROS, EL PUEBLO. Su historia nos recuerda que juntos, nuestras estrellas brillan más. Juntos, *todo es posible*.

Bibliografía seleccionada

Andrés, José. "Boiling Point." En *How I Learned to Cook: Culinary Educations from the World's Greatest Chefs*, ed. Kimberly Witherspoon y Peter Meehan. Nueva York: Bloomsbury USA, 2006.

Andrés, José. "How a Team of Chefs Fed Puerto Rico After Hurricane Maria." Filmado en abril de 2018. TED Talk. ted.com/talks/jose_andres_how_a_team_of_chefs_fed_puerto_rico_after_hurricane_maria

Andrés, José, con Richard Wolffe. *We Fed an Island: The True Story of Rebuilding Puerto Rico, One Meal at a Time*. Nueva York: HarperCollins, 2018.

Dean, Lee Svitak. "José Andrés Talks About the Work of World Central Kitchen and Its Relief Effort." *Star Tribune*, 6 de marzo de 2020. startribune.com/jose-andres-talks-about-the-work-of-world-central-kitchen-and-its-relief-effort/568555432

Gregory, Sean. "'Without Empathy, Nothing Works.' Chef José Andrés Wants to Feed the World Through the Pandemic." *Time*, 6 y 13 de abril de 2020. time.com/magazine/us/5810478/april-6th-2020-vol-195-no-12-u-s

Lazo, Luz. "When Disaster Strikes, Chef José Andrés Delivers Food Worldwide." *The Washington Post*, 6 de octubre de 2020. washingtonpost.com/lifestyle/kidspost/chef-jose-andres-has-an-army-of-volunteers-to-feed-america-and-the-world—some-of-them-are-children/2020/10/06/fbebb774-f92e-11ea-be57-d00bb9bc632d_story.html

Severson, Kim. "José Andrés Fed Puerto Rico, and May Change How Aid Is Given." *The New York Times*, 30 de octubre de 2017. nytimes.com/2017/10/30/dining/jose-andres-puerto-rico.html

World Central Kitchen wck.org